Pier Candido Decembrio

LA LIBERTAD DE DUDAR

(*EX IGNORANTIA IN CERTITUDINEM*)

Edición y traducción de Helena Terrados

HUMANITAS

1ª ed., septiembre de 2025

HUMANITAS

Directores de la colección:
José Luis Trullo y Jesús Cotta

Consejo asesor:

Jacinto Choza, Universidad de Sevilla
Miguel Á. Granada, Universidad de Barcelona
Antonio Barnés, Universidad Complutense de Madrid
Eduardo del Pino, Universidad de Cádiz
Armando Pego, Universidad Ramon Llull
Juan Varo Zafra, Universidad de Granada

Ilustración de portada:
Erasmo de Rotterdam, *Educación del príncipe cristiano*
Chantilly, Bibliothèque et archives du château, 316 (1122), f. 005v

Thema: QDHH

© Thémata Editorial
© Helena Terrados

ISBN: 978-84-128941-9-6
Depósito legal: SE 1267-2025

IMPRESO EN LA UNIÓN EUROPEA

ÍNDICE

Introducción

1. Pier Candido Decembrio: una vida dedicada a la corte y al pueblo

> [Aquí yace] P. Candido de Vigevano, soldado del duque Filippo Maria, que sirvió incesantemente como secretario a la libertad de los milaneses y del mismo modo fue digno del favor del papa Nicolás V y de Alfonso, rey aragonés. Entre las obras que editó, dejó a la posteridad y para su recuerdo cerca de CXXVII libros, sin contar con los escritos en lengua vulgar.[1]

Las palabras inscritas sobre el mármol de su sarcófago son el último testimonio de la fecundidad de su pluma. Pier Candido Decembrio (1392-1477) fue heredero de su tiempo, de un momento histórico liminal, del final del Medievo y el comienzo de la Edad Moderna, del Humanismo, un período en el que el concepto ciceroniano de *humanitas,* de ideal de sabiduría y entereza de espíritu, encontró su mayor desarrollo. El Humanismo nace como un canto a la libertad, un momento en el que el hombre toma

---

[1] *P. Candidus Viglevanensis miles Philippi Marie ducis secretarius subinde Mediolanensium libertati prefuit parique modo sub Nicolao papa V et Alphonso Aragonum rege meruit operumque a se editorum libros supra CXXVII vulgaribus exceptis posteritati memorieque reliquit.*

7

conciencia de su propia existencia y aspira a renovarla, a despojarla de la rígida pátina de escolasticismo medieval y conformarse como ser pleno; el Humanismo aspiraba a ahondar en lo más propio del ser humano en cuanto ser humano, en el cultivo del espíritu como valor humano por excelencia. Por ello, recuperar el saber de la Antigüedad y renovar la cultura clásica suponía renovar al hombre mismo. Así, como tal heredero, Pier Candido se impregnó de todos estos valores y los exploró en todas las facetas de su vida, con lo que se convirtió en uno de los intelectuales más relevantes, si no el que más, del panorama milanés de los Visconti. Su epitafio es el perfecto resumen de su implicación humanística: Decembrio fue *miles,* soldado y embajador, pero también fue literato, traductor y poeta. Dedicó toda su vida a combinar la política y la literatura, por lo que, superando la tradicional oposición, fue un hombre de armas y de letras.

Nació en Vigevano, una pequeña localidad al norte de Pavía, el 24 de octubre de 1392, en el seno de una familia vinculada a la cultura. Su padre, el intelectual Umberto Decembrio, era por aquel entonces secretario y notario del obispo Pietro Filagris, conocido como Pietro di Candia, de quien Umberto tomó el nombre para el tercero de sus hijos. Con apenas tres años, Pier Candido comenzó su educación en Milán junto a su familia, muy especialmente con su hermano menor Angelo Camilo

–que también se convertiría en un importante humanista del ambiente ferrarés–. Allí creció y se formó al abrigo de los selectos círculos culturales de su padre, lo que le permitió impregnarse del Humanismo del siglo incipiente, aprender griego de la mano del gran maestro bizantino Emanuel Crisoloras y tomar consciencia desde muy temprana edad de la labor cívica, política y cultural que él y sus coetáneos debían desempeñar en el turbulento marco histórico de su tiempo. Tras el arresto de Umberto en 1411, inmerso en las intrigas de Filippo Maria y Gian Maria Visconti, Pier Candido hubo de trasladarse con su familia a Génova donde fue acogido por Paolo Doria, quien se convirtió en uno de sus mentores más queridos, y conoció a personalidades de la talla de Tommaso Fregoso, propietario de una de las bibliotecas más grandes del momento (Viti 1987).

No fue hasta 1419, tras su regreso a Milán, cuando Decembrio emprendió su carrera diplomática al amparo del ya duque Filippo Maria, primero como su secretario y, después, como canciller. A partir de entonces, y hasta la muerte de este en 1447, el lombardo desarrolló su etapa de mayor servicio a la política ducal, si bien la información exacta sobre sus ocupaciones en aquellos años resulta un tanto oscura y sólo puede reconstruirse gracias a algunos testimonios epistolares del propio Pier Candido y unos pocos documentos de archivo

(Borsa 1893: 11). Así, sabemos que, en nombre del duque, viajó como delegado por las diversas cortes italianas, de la Florencia recién tomada por los Visconti a la Roma del papa Martín V, pero también por territorio francés y germano en el marco de la Guerra de los Cien Años.

La implicación de Decembrio con la causa milanesa y su afán por ensalzar su dignidad también se manifestó en su *humanitas* literaria, pues elaboró, por aquellas fechas, su *De laudibus Mediolanensium urbis panegyricus* (Petraglione 1907), un encomio historiográfico a la preminencia del territorio lombardo, contrapunto de la *Laudatio Florentinae Urbis* de su contemporáneo Leonardo Bruni. Fue, de hecho, en ese momento, alrededor de 1436, cuando su amistad con Bruni comenzó a enfriarse, lo que favoreció en parte que las relaciones de Decembrio con la corte castellana fueran cada vez más estrechas, en especial con Alfonso de Cartagena, por quien desarrolló un afecto verdadero forjado en los intereses intelectuales en común, como prueba la correspondencia entre ambos a lo largo de los años ("te amo de forma excepcional y con denuedo, en razón de tus acreditadas virtudes", afirmaba el lombardo en una carta en 1438 [González Rolán, Moreno Hernández y Saquero Suárez-Somonte 2000: 365]). Entre otras creaciones literarias de este período, destaca la *Historia peregrina*, de temática miscelánea, y el *De vite ignorantia*, el opúsculo que aquí nos ocupa (Zaccaria 1956: 17-20). Asimismo, fue en este período cuando Pier Candido exploró al máximo su faceta de traductor y vulgarizador, impulsado por Visconti, pues realizó gran parte de sus traducciones de autores clásicos al latín y al italiano. Suya es la primera traducción latina del griego de la *Ilíada,* e igualmente completó la de la *República* de Platón ya iniciada por su padre, pero también vulgarizó, entre otras, las obras atribuidas a Julio César o *Corpus caesarianum* (Ponzù 2017) y la *Historia Alexandri Magni* de Curcio Rufo, así como textos de humanistas del momento, como los *Commentarii de primo bello Punico* de Bruni.

Tras la muerte de Filippo Maria en agosto de 1447 y desde el inicio del trienio de la República ambrosiana (1447-1450), Decembrio se mostró leal al nuevo régimen, por lo que fue nombrado secretario de la *cancelleria* ciudadana, lo que le granjeó la enemistad de los Sforza. Por ello, sintió el deseo, y el deber cívico, de volver a viajar por las cortes italianas para aprehender y difundir el espíritu del Humanismo. Desde 1450 hasta 1454, Pier Candido desarrolló su actividad fundamentalmente en Roma, al amparo de Nicolás V –quien también le encargó no pocas traducciones, como la *Historia romana* de Apiano y las *Historiae* de Diodoro Sículo (Zaccaria 1956: 47-54)–, si bien los lazos con la corte napolitano-aragonesa se fueron haciendo cada vez más fuertes. Por ello, su amistad con el rey Alfonso V, que ya manifestó al dedicarle su *Romanae historiae brevis epitoma* (1450), le llevó a establecerse en Nápoles, donde entró en contacto con varios de los humanistas más relevantes del momento, como Antonio Beccadelli, el Panormita, o Gianozzo Manetti. Los últimos años de su vida los pasó a caballo entre Nápoles, Milán y, sobre todo, Ferrara, entre alguna enfermedad y dificultades económicas, tendiendo puentes entre los intelectuales italianos, aragoneses y castellanos y buscando recuperar el favor del gobierno milanés (Viti 1987). En esta línea se enmarcan sus *Vidas* a Francesco Sforza y a Ercole d'Este, dos opúsculos laudatorios que continuaban con la línea literaria biográfica y/o encomiástica que inició en 1440 con su *Vita Homeri*. Sea como fuere, lo cierto es que, a pesar de las fricciones con la familia Sforza, Decembrio pudo volver a Milán y establecerse allí durante sus últimos días, feliz por el regreso, pero, con todo, atormentado:

> Estoy totalmente en contra, ilustrísimo amigo, de la opinión de quienes afirman que nada pasa más rápido que el tiempo, que no es posible encontrar nada más lábil y fugaz, porque a mí, por el contrario, me parece que no existe nada más persistente e ingrato, sobre todo en estas terribles e inhumanas tempestades por las que hemos pasado, pues no creo que se hayan dado de esta forma an-

tes. […] En efecto, sucederá que acabaremos alabando lo que ahora aborrecemos y perseguiremos con odio aquello que, no voluntariamente, sino por culpa de las desgracias, nos vemos obligados a despreciar.

Así escribía Pier Candido a Nicodemo Tranchedini, diplomático toscano, en julio de 1476 (Giada 2018: 32), y no sólo se refería a las adversidades meteorológicas de los últimos meses, sino a la angustia y la persecución constante a la que se había visto sometido durante la mitad de su vida. Al año siguiente, en noviembre de 1477, Decembrio moría, tras una breve enfermedad, en su casa de Milán. Fue su segunda mujer, Battistina, la que encargó el sepulcro de mármol en la basílica de san Ambrosio y le hizo grabar aquel epitafio y diez versos que seguramente él mismo compuso, en memoria de una vida dedicada a Nápoles y a Milán, a la corte y al pueblo, a la voz y la pluma.

2. Vidas, cartas y versos: otras muestras de la producción de Decembrio

Afirma G. Capelli (2007: 178) que "la obra de Decembrio evidencia la amplitud de horizontes, el afán totalizador del Humanismo y, al mismo tiempo, los modos de colaboración intelectual con el gobierno del Estado". Y es que su producción es el espejo perfecto de esa combinación entre afán político y literario. Además de las obras ya citadas, cabe destacar su *Vita Philippi Mariae Vicecomitis*, realizada en 1447 tras la muerte del duque, un elemento más en esa constelación de *Vidas* de personajes ilustres. En ella, Decembrio no sólo volcó todo su conocimiento del género de la biografía, aprendido del romano Suetonio, y de la trayectoria vital de Visconti, sino que también aprovechó para elaborar un modelo de hombre virtuoso –según la *virtus* clásica– frente a los reveses de la Fortuna, un encomio del perfecto gobernante en lo público y lo privado, la entereza del sabio y la determinación del militar, al tiempo que ofrecía un cuadro detallado de la sociedad de su tiempo.

Sin embargo, el mejor ejemplo de ese retrato de la sociedad lo encontramos en su *Epistolario* (Giada 2018; González Rolán, Moreno Hernández y Saquero Suárez-Somonte 2000; Zaccaria 1952 y 1967), un auténtico tapiz en el que se imbrican las mayores personalidades del panorama humanista europeo del momento: Leonardo Bruni, Poggio Bracciolini, Francesco Barbaro, Guarino Veronese, Lorenzo Valla, Francesco Pizolpasso, Alfonso de Cartagena, Íñigo Dávalos, Federico da Montefeltro, Alfonso V y todos los papas bajo cuyo solio desarrolló su labor. Pier Candido llegó a reunir un total de veintidós libros con unas quinientas setenta cartas (Ponzù 2017: XXXIII) en las que confluyen inquietudes, anhelos y reflexiones, pero también descubrimientos, traducciones e intercambios de obras que caracterizaron las dinámicas intelectuales del Humanismo del Cuatrocientos, donde la insólita explosión de la circulación de códices y manuscritos, sin precedente alguno hasta ese momento, derivó en un insoslayable e igualmente extraordinario flujo de ideas entre los círculos culturales.

Con todo, las pulsiones literarias de Decembrio no sólo se volcaron en la prosa, sino que también compuso poemas, al menos un total de ciento cincuenta recogidos en sus *Epistolarum metricarum et epigrammaton libri.* Se trata de composiciones generalmente breves, de unos diez versos en su mayoría, con temas laudatorios, invocaciones religiosas y consideraciones sobre acontecimientos de su entorno, que demuestran, no tanto un especial "ingenio" poético, sino un deseo sincero por abordar la cultura, el arte y la sociedad desde una perspectiva literaria plena.

La obra de Decembrio se configura, así, como un prisma caleidoscópico y esencialmente humanista, pues, además de diálogos filosóficos y discursos historiográficos, combina en su correspondencia, sus alabanzas y sus versos el deseo por verter sus experiencias sobre papel y tinta, plasmar en palabras su forma de ver, entender y vivir el mundo.

3. *Ser un ignorante* (*De vite ignorantia*)

Seguramente fue durante su etapa milanesa, entre 1428 y 1430, cuando Pier Candido compusiera su *De vite ignorantia*, un breve diálogo dedicado a un cierto Ruglero, tal vez Ruggiero Sacco, padre del jurista Carlo Sacco (Giada 2018: 104 n. 1; Rosso 2000: 238-240). Fue Ditt (1931) el primero en ofrecer un estudio relativamente sistemático de su contenido y en considerarla, junto con la *Vita* de Filippo Maria Visconti, "la obra más individual" del lombardo. El *De vite ignorantia* se concibe como una suerte de diálogo humanista en pequeña escala, donde, aunque no se reflejan todas las convenciones del género –el tiempo conversacional, la llegada de la noche que estimula la filosofía, el alba que sorprende a los amigos, enfrascados en el diálogo (Ferreras 1990)–, es un encuentro fortuito el que incita a divagar sobre el hombre y la sociedad, a conocernos a nosotros mismos, nuestras aspiraciones y anhelos, pero como seres comunitarios y, a la par, individuos plenos. El rechazo a la vida religiosa que plantea es, por una parte, la muestra del "surgimiento del espíritu secular, tan frecuentemente asociado con el pensamiento moral y religioso del humanismo renacentista" (Wallach 1966: 544), pero también un reclamo a la percepción de la individualidad del ser humano frente al mundo y nuestro desconocimiento ante la vida; es "la constatación de la común ignorancia" (Viti 1987).

En esta ocasión, ese encuentro casual que propicia la reflexión se desarrolla entre Decembrio y Zanino Ricci (Sanino Risio), un personaje bastante desconocido, secretario ducal de Filippo Maria Visconti hasta que fue sustituido por Giacomo Benccheto (Grayson 1970) y a quien Sabbadini (1891: 78-79) incluye dentro del círculo cultural e intelectual milanés, junto a Antonio da Rho, Guarnerio Castiglioni y otros varios. Inspirado en el *Dialogus de dispositione vitae suae* de Lombardo della Setta, amigo y discípulo de Petrarca, Decembrio declara en su Prólogo cómo el cariño y la admiración por su compañero Zanino, así como su deseo de que no se pierda su recuerdo, le han movido a escribir unas breves líneas sobre los diferentes tipos de vida que puede afrontar el hombre en la búsqueda de un ideal vital. Sin embargo, al contrario que della Setta, Pier Candido no se basará en los preceptos estoicos, sino que viajará por los postulados del hedonismo y el epicureísmo en busca del gozo y la vida plena (Ditt 1931: 41). El objetivo será, pues, tantear el conocimiento –o desconocimiento, la *ignorantia*– que tiene cada uno sobre los diversos oficios y ocupaciones para intentar discernir cuál es más adecuado para alcanzar la felicidad, una "vida tranquila y ociosa, libre de cualquier otro deber y obligación".

El primer problema que se plantea reside en la dicotomía entre riqueza y pobreza, y el deseo del lombardo de alcanzar no la opulencia, como parecería en un primer momento, sino la capacidad adquisitiva necesaria para llevar una vida digna. A partir de este punto, Zanino intenta guiar a Decembrio por las diversas opciones que se le ofrecen, primero, hacia la religión, donde podrá encontrar tranquilidad de espíritu y "todo lo realmente necesario […] para vivir sin ningún esfuerzo o inquietud", pero Pier Candido aspira a un proyecto de vida más libre. Así, y si riquezas es lo que busca, Ricci le insta a dedicarse a la corte para obtener beneficios, y es en este momento cuando el lombardo demuestra que no valora la exuberancia, sino la estabilidad. Queda, por tanto, vincularse a cargos políticos y judiciales o trabajar como secretario, si bien Decembrio ahonda en el sentido profundo de sus implicaciones: él valora la justicia y la verdad y no desea estar sometido al juicio de los demás, ni, por otro lado, podría dedicarse a elaborar escritos vacíos, llenos "no de letras, sino de tinta". Con este pretexto, ambos se adentran en las prácticas más intelectuales, las artes liberales, que repasan una a una –gramática, dialéctica, retórica, aritmética, geometría, música y astronomía–, pero sin encontrar una sola plenamente satisfactoria. El contrapunto es, entonces, los oficios manuales –la medicina, la artesanía de la lana y la forja, la navegación, la agricultura, la caza y la edificación–, pero ninguna es lo suficientemente digna. A continuación, plantean cargos burocráticos y militares, si bien el lombardo considera que los primeros no le satisfacen y los segundos obligan a una vida como "esclavo del azar" y sin gloria alguna, salvo que tus hazañas las ponga por escrito un poeta. Sin embargo, tampoco historiadores y literatos llevan una vida plena. La conclusión para Ricci es, pues, conseguir casarse con una mujer acomodada, dato que Decembrio aprovecha para alabar el matrimonio como mejor forma de "llevar una vida honrada" y, como contraparte, verter una crítica mordaz contra el clero y la prostitución; con todo, la verdadera pareja de vida sólo puede procurarla Dios y la suerte. Zanino, desesperado por el inconformismo de su compañero, recapitula finalmente todas las cuestiones que han ido planteando y ambos concluyen el diálogo de una forma abrupta y un tanto cómica que nos hace cuestionarnos el sentido último del texto: ¿quién es el verdadero ignorante?

Se trata, pues, de un diálogo que, si bien ha sido calificado por algunos como "estructuralmente débil" (Viti 1987), a nuestros ojos presenta una disposición clara, tal vez no perfectamente cuidada, pero sí deliberada y organizada de manera consciente en torno a un hilo conductor. Y es que las diferentes partes del texto constituyen una suerte de estructura en espejo: primero, Zanino argumenta acerca de la vida en la religión, la corte y los cargos políticos y judiciales, esto es, intenta convencer a Decembrio de seguir su misma trayectoria vital; después, debaten a propósito de las artes liberales y, en contrapartida, de los oficios manuales, para, a continuación, tratar las tareas de secretario, militar y literato, ocupaciones muy similares a las que ha desempeñado Pier Candido; por último, y antes de la recapitulación final, ambos amigos vuelven a debatir sobre la riqueza que, ahora, puede procurar una mujer acaudalada y un matrimonio feliz. La sucesión podría vertebrarse, así, en el reflejo Ricciartes liberales-artes manuales-Decembrio, todo ello enmarcado en juicios morales sobre la riqueza, la pobreza y el matrimonio.

Por lo tanto, la interpretación de una obra aparentemente ligera y sin mayores pretensiones que las de reconstruir un encuentro casual entre amigos y una conversación sugerente puede llevarnos a profundizar un poco más en los intereses de Decembrio. En ella, el lombardo "reconocía el abismo entre su propio anhelo de opulencia y la inevitable indigencia de alguien que desprecia la adquisición de los vínculos sociales" (Baron 2014: 241), pero no sólo persigue la riqueza, la inactividad o la indolencia, sino que sus aspiraciones van más allá: busca el *otium cum dignitate,* un concepto puramente ciceroniano que ahonda en la integridad intelectual y espiritual del hombre, que pueda procurarle los bienes justos que la sociedad le obliga a poseer para llevar una vida tranquila, pero sin entregarse por ello a la desidia. Se construye, pues, un ideal de libertad, honestidad, serenidad, la paz de un espíritu y una mente cultivados. Por eso no le basta con la religión, porque le desvincula del sentimiento comunitario, pero tampoco la política es lo suficientemente justa; por eso las artes liberales le impiden practicar el *otium*, pero las manuales carecen de suficiente *dignitas*; por eso su propia trayectoria vital le resulta sumamente insatisfactoria. Debemos considerar, además, que Pier Candido afrontaba un momento de profunda crisis personal entre 1424 y 1430, tras la muerte de dos de sus hijos –"la felicidad de reconocerte en el rostro de tus hijos", declara melancólico en el diálogo–, su padre, su madre y su hermano, por lo que no debe extrañarnos su desilusión y su actitud inconformista. Pero todo ese pesimismo lo reviste de un estilo, como decimos, ligero e irónico, una comicidad evidente que relaja la conversación y demuestra la complicidad entre los amigos. Precisamente por ello, no coincidimos con la afirmación de Ditt (1931: 37) de que, cuando Decembrio declara "Peligros por todas partes... ¡Deposito mi esperanza en Dios, que no abandona a todos los que en él confían!", está reflejando "un sentimiento más religioso que en todo el formalismo de Zanino", sino que es pura ironía, evidente a lo largo de todo el encuentro y muy especialmente en la despedida.

¿Quién es, pues, el ignorante? Parece que es Ricci quien conoce todas las posibilidades de la vida, quien guía a un perdido Decembrio entre los vericuetos laborales e intelectuales y que es el lombardo el voluble, inconstante, indeciso. Pero Pier Candido sabe perfectamente qué quiere. Zanino conoce la vida, pero no parece conocerse a sí mismo, mientras que Decembrio es perfectamente consciente de sus intereses y anhelos, sólo necesita descubrir la manera de conseguir su objetivo, de encontrar lo "pacíficamente útil", de alcanzar el *otium cum dignitate.*

4. Nuestro texto

A continuación, presentamos la primera traducción al castellano del *De vite ignorantia*, basándonos en la edición de Ditt (1931: 99-106), la única existente hasta el momento. Como el propio autor declara al comienzo de su edición, la suya sólo recoge las lecturas de dos manuscritos: el códice *E,* de la Erlangen-Nürnberg, Universitätsbibliothek 617 [ex 862], y el *C,* de la Kassel, Universitätsbibliothek Philos. 4.to 6, si bien da cuenta en el estudio introductorio (Ditt 1931: 36 n. 1) de la existencia de otros tres testimonios, conservados en Leiden, Módena y Milán. Ofrecemos, a continuación, la referencia completa extraída de Ponzù (2017: XXXVIII n. 39):

–Leiden, Bibliotheek der Rijksuniversiteit, Voss. 19.
–Módena, Biblioteca Estense, Campori App. 1378.
–Milán, Biblioteca Ambrosiana O 83 sup.

A ello se suma el hallazgo de otros dos manuscritos por parte de Zaccaria (1956: 17-18), uno conservado en Pavía (Biblioteca Universitaria, Fondo Gianorini Busta I 525) y otro en Ferrara (Biblioteca Comunale Ariostea II 66 N. A. [fols. 27r-41v]), el último de los cuales, según el estudioso, sería el autógrafo del propio Decembrio.

Dada la limitadísima disponibilidad de todos los testimonios, nuestra edición sigue el texto de Ditt, si bien hemos podido colacionarlo con el manuscrito de Leiden. La traducción pretende ser un fiel reflejo de la naturalidad del diálogo, la espontaneidad de las intervenciones de sus interlocutores, sin sacrificar, al tiempo, las sutiles reflexiones filosófico-morales que afloran, de tanto en tanto, de las palabras del lombardo.

CRONOLOGÍA

1392 Nace en Pavía, el 24 de octubre, Pier Candido Decembrio, hijo del también humanista Umberto Decembrio y de Caterina Marazzi. Fue el segundo de cuatro hermanos: Modesto, Paolo Valerio y Angelo Camillo.

1402 La familia se desplaza a Milán. Pier Candido comienza sus estudios con Crisoloras.

1411 Su padre es encarcelado y la familia se traslada a Génova, al amparo de Tommaso Fregoso. A él le dedica su *De septem liberalium artium inventoribus*, una de sus primeras obras.

1419 Vuelve a Milán y comienza su carrera política al servicio de Filippo Maria Visconti, como secretario, legado y emisario.

1423 Viaja a Florencia con motivo de la conquista de Génova.

1424 Se casa con Caterina Bossi. Con ella tendrá dos hijos, que morirán pocos años después.

1425 Visita a Martín V en Roma y, en otoño, viaja a Venecia.

1426 Se reúne con el duque Amadeo VIII de Saboya.

1427 Su padre fallece.

1428 Escribe el *De vite ignorantia*.

1430 Mueren su madre y su hermano Modesto. Por estas fechas, escribe la *Historia peregrina*.

1433 Escribe el *Grammaticon*.

1435 Reside durante tres meses en Germania para mostrar el apoyo del duque al emperador Segismundo contra los venecianos. Asiste al congreso de Arras y permanece allí hasta septiembre. Viaja a Dijon y, de vuelta a Milán, se detiene en Ripaille el 3 de noviembre.

1436 Compone el *De laudibus Mediolanensium urbis panegyricus*.

1438 Traduce al vulgar la *Historia Alexandri Magni* de Quinto Curcio, dedicada a Filippo Maria Visconti.

1440 Escribe la *Vita Homeri*. Posiblemente por las mismas fechas culmina la traducción de la *Ilíada* (libros I-IV y X) y de la *República* de Platón.

1441 Rompe la relación con su hermano Angelo Camillo.

1443 Participa en las embajadas del duque en Siena y Roma.

1445 Viaja a Venecia en embajada.

1447 Asiste al congreso de Ferrara como embajador en favor de la Republica Ambrosiana. Muere Filippo Maria, el 13 de agosto, y compone la *Vita Philippo Mariae Vicecomitis*.

1448 Es nombrado secretario de la Cancelleria ciudadana el 1 de septiembre.

1449 De camino a Roma, se detiene en Urbino, acogido por Federico da Montefeltro.

1450 Nicolás V le nombra *magister brevium*. Se establece en Roma, residencia que alterna con frecuentes viajes a Nápoles, a la corte de Alfonso de Aragón. Compone el *Romanae historiae brevis epitoma*, dedicado al rey. Durante la etapa romana, y por encargo papal, realizará la mayor parte de traducciones del griego al latín.

1452 De Nápoles viaja a Milán para establecer contactos con Francesco Sforza. En julio vuelve a Roma. Recibe desde Siena la concesión de la ciudadanía para él y sus descendientes.

1453 Viaja a Milán y regresa a Roma. Muere el papa Nicolás V, el 24 de marzo. Pier Candido conserva su cargo tras el nombramiento de Calixto III.

1454 Traduce al vulgar las obras de Columela y Apuleyo.

1455 Huye a Viterbo para refugiarse de la peste. Escribe el *De origine fidei*.

1456 Pacta el salario con Alfonso de Aragón y, tras recibir el permiso de Sforza en Milán, se traslada a Nápoles como secretario real.

1458 En Milán le asalta la noticia de la muerte del rey Alfonso, acaecida el 27 de junio. El nuevo rey, Fernando, confirma sus funciones. Permanece cuatro meses más en Milán, donde también conoce la muerte del papa Calixto III y el nombramiento de Pio II. Antes de volver a Nápoles, permanece unos días en Roma.

1459 Regresa a Nápoles y sufre una grave enfermedad que le postra durante cinco meses. Trabaja como secretario de Alfonso Dávalos en apoyo del rey de Nápoles. A final de año, se plantea volver a Milán para trasladar a su familia a Nápoles y establecer allí su residencia definitiva, pero, tras el estallido de la guerra civil napolitana, decide permanecer en Milán. Por estas fechas, culmina sus *Epistolarum metricarum et epigrammaton libri*, dedicados a Íñigo Dávalos.

1460 Escribe el *De humani animi immortalitate*, dedicado a Francesco Visconti.

1461 Tras residir por un tiempo en Urbino, comienza un período de dificultades económicas. Pier Candido intenta establecer contactos, sin éxito: escribe el *De natura avium et animalium* a Ludovico Gonzaga, un tratado sobre la peste para Borso d'Este y una biografía en latín para Francesco Sforza (*Vita Francisci Sfortiae*), que después tradujo al italiano.

1464 Muere su mujer Caterina.

1465 Se casa con Battistina, viuda de Battista degli Amedei, por mediación de Sforza.

1467 Es acogido por los d'Este en Ferrara, donde pasará buena parte del final de su vida. La falta de epistolografía de Pier Candido a partir de 1468 dificulta seguir sus actividades, pero parece que continuó sus estudios al tiempo que fue maestro de grandes nombres como Niccolò da Correggio y Tito Vespasiano Strozzi.

1471 Escribe la *Vita Herculis Estensis*.

1473 Se enemista con Galeazzo Maria Sforza y este le ordena presentarse en Milán para responder por sus injurias, pero Pier Candido intenta resolverlo por escrito.

1475 Regresa definitivamente a Milán.

1476 En una carta remitida a Sforza lamenta su situación y las desgracias que han envuelto su vida.

1477 Tras un mes de enfermedad, Pier Candido muere el 12 de noviembre en Milán.

BIBLIOGRAFÍA

Baron, Hans (2014), *In Search of Florentine Civic Humanism, Volume 1: Essays on the Transition from Medieval to Modern Thought*, Princeton, Princeton University Press.

Borsa, Mario (1893), "Pier Candido Decembri e l'Umanesimo in Lombardia", *Archivio Storico Lombardo*, 2.20.10, pp. 5-75 y 358-441.

Capelli, Guido M. (2007), *El Humanismo italiano. Un capítulo de la cultura europea. Entre Petrarca y Valla*, Madrid, Alianza Editorial.

Ditt, Ernst (1931), *Pier Candido Decembrio. Contributo alla storia dell'Umanesimo Italiano*, Milán, Hoepli.

Ferreras, Jacqueline S. de (1990), "El diálogo humanístico: características del género y su reflejo tipográfico, algunas observaciones para futuras ediciones", en D. Noguera Girao, P. Jauralde Pou y A. Reyes (coords.), *La edición de textos,* Londres, Tamesis Books, pp. 451-457.

Giada, Boiani (2018), *Pier Candido Decembrio, Epistolario, Terzo volumen, Libro I-III. Edizione critica e commento*, Tesis doctoral, Università degli Studi di Firenze, Florencia.

González Rolán, Tomás, Moreno Hernández, Antonio y Saquero Suárez-Somonte, Pilar (2000), *Humanismo y teoría de la traducción en España e Italia en la primera mitad del siglo XV: edición y estudio de la* Controversia Alphonsiana *(Alfonso de Cartagena vs. L. Bruni y P. Candido Decembrio)*, Madrid, Ediciones Clásicas.

Grayson, Cecil (1970), "BENCCHETTO, Giacomo" en *Dizionario biografico deli Italiani, Vol 7*. Accesible online: https://www.treccani.it/enciclopedia/giacomo-becchetto_(Dizionario-Biografico)/ [última consulta 29/03/2025].

Petraglione, Giuseppe (1907), "Il 'De laudibus Meidolanensium urbis panegyricus' di P. C. Decembrio", *Archivio Storico Lombardo*, 4.8.15, pp. 5-45.

Ponzù Donato, Paolo (2017), *Pier Candido Decembrio. Volgarizzamento del* Corpus Caesarianum. *Edizione critica,* Florencia, Firenze University Press.

Rosso, Paolo (2000), "Catone Sacco. Problemi biografici. La tradizione delle opere", *Rivista di storia del diritto italiano*, 73, pp. 237-338.

Sabbadini, Remigio (1891), *Vita di Guarino Veronese,* Génova, Tipografia del R. Istituto Sordomuti.

Soria Olmedo, Andrés (1956), *Los humanistas de la corte de Alfonso el Magnánimo (según los epistolarios),* Granada, Universidad de Granada.

Viti, Paolo (1987), "DECEMBRIO, Pier Candido", en *Dizionario Biografico degli Italiani. Vol. 33.* Accesible online: https://www.treccani.it/enciclopedia/pier-candido-decembrio_(Dizionario-Biografico)/ [última consulta 29/03/2025].

Wallach, Luitpold y Caplan, Harry (1966), *The classical tradition: Literary and historical studies in honor of Harry Caplan,* Nueva York, Cornell University Press.

Zaccaria, Vittorio (1952), "L'epistolario di Pier Candido Decembrio", *Rinascimento*, 3.1, pp. 85-118.

Zaccaria, Vittorio (1956), "Sulle opere di Pier Candido Decembrio", *Rinascimento,* 7.1, pp. 14-74.

Zaccaria, Vittorio (1967), "Pier Candido Decembrio e Leonardo Bruni. Notizie dall'epistolario del Decembrio", *Studi Medievali,* 3.8, pp. 504-554.

Zaggia, Massimo (1993), "Appunti sulla cultura letteraria in volgare a Milano nell'età di Filippo Maria Visconti (continuazione e fine)", *Giornale Storico della Letteratura Italiana,* 170, pp. 161-219 y 321-382.

P· candidi· ad Rvolerium comitis
de vite ignorantia prologus incipit
feliciter

Dum adolescens adhuc uel
studiis humanitatis in
tentus· nil preter ocium
et libros magni faciens
uersabar supenumero cū
eruditis literis aut his

quos studiis delectari et nature mee nō
omnio abhorrentes intelligebam· fuit aut
inter alios mihi familiaris cū et quasi a
micicia mutua conuictus Samuel ipsi
nō de illo loquor qui curie nostre dedit
post uarias principum adulationes insa
nire cepit· aut arte insanus effectus
est· sed de illo modesto et docto homine·
qui quāque nobili domo i nutritus bone
his eruditus disciplinis conscius tam
humane fragilitatis religioni et sacris
literis ocium impenderat· huius i
gitur memoria cum elapsa tempora

SER UN IGNORANTE

Comienza el prólogo sobre *Ser un ignorante*, de Pier Candido Decembrio, al conde Ruglero, jurisconsulto.

Durante mis años de juventud, me sentí siempre atraído por los estudios de humanidades y nada apreciaba más que el asueto y los libros; me relacionaba frecuentemente con hombres cultos, no con esos que sabía que no disfrutaban con el estudio y no comulgaban del todo con mis hábitos naturales. En cambio, entre los demás, Zanino Ricci y yo éramos íntimos y nos unía, por así decirlo, una mutua amistad. No me refiero al que se entregó a la corte y empezó a enloquecer en cuanto los gobernantes le hicieron unos cuantos elogios –o, más bien, acabó completamente loco–, sino al hombre culto y mesurado que, aunque se había criado en una casa noble y era un experto en las mejores disciplinas, sin embargo, consciente de la fragilidad humana, había dedicado sus días a la religión y a las Sagradas Escrituras. Así pues, dado que el paso del tiempo había desvanecido su recuerdo, el escrito que me acabas de ofrecer lo ha recuperado: por casualidad estaba leyendo el diálogo de Lombardo Della Seta, muy íntimo de Petrarca, que me diste personalmente, y su lectura me conmovió tanto que volví de inmediato mi atención a mis estudios anteriores; y es que me recordó a la discusión que yo había mantenido con Zanino, si bien con una perspectiva diferente. Pero, ante todo, creo que es entretenido escuchar a los que se enzarzan en disputas como si fueran académicos e intercambian razonamientos diversos y meritorios, aunque parezcan opuestos. De esta forma, comprenderás, Ruglero, muy sabio y querido amigo, en qué términos discutíamos el propio Zanino y yo: dado que él elogiaba la vida religiosa y la prefería a las demás, lo que es razonable, yo anteponía la civil, y, como él se refería a sus diferentes tipos de vida, yo mismo los rechazaba. Por lo tanto, a partir de esto podrás aprehender lo sencillo que resulta discutir sobre cualquier asunto, especialmente si tiene relación con los estudios de humanidades, de tal modo que el juez no puede dar su aprobación hasta que no haya escuchado a la otra parte.

DIÁLOGO. ZANINO Y PIER CANDIDO.

Cand. – Un día, Zanino Ricci vino a verme, como de costumbre; como yo estaba cansado de estudiar, a él se le ocurrió interrumpirme y distraerme con otros asuntos. "¿Qué haces, Candido?", me dijo. "Pienso", le contesté yo.

Za. – ¿Y en qué piensas?

Cd. – En lo mismo que todos: cómo se puede llevar una vida tranquila y placentera.

Za. – Me parece que lo tienes muy fácil, pues gozas de buena salud física y mental, tienes unos padres honrados, una vida dedicada al estudio y una modesta fortuna. ¿Qué más quieres?

Cd. – Quiero tener recursos de sobra y saber cómo conseguirlos, pues sin ellos no sé cómo puedes llamar placentera a la vida.

Za. – ¿Es que quieres riquezas?

Cd. – Si surgen, no las desprecio.

Za. – Entonces también quieres las preocupaciones e inquietudes que se derivan de las riquezas.

Cd. – Yo creo, más bien, que son muchos los inconvenientes que acompañan siempre a la pobreza. Pues, ¿qué felicidad alcanza el pobre? Y no me refiero a los indigentes –pues no hay nada más miserable que ellos–, sino que, ¡cuánta felicidad alcanza quien se dedica todos los días a preparar su ropa, su cama, su casa, sus enseres y todo lo necesario, cuando poco o nada tiene con lo que disponerlo, y sin lo cual no sólo no puede llevar una vida agradable, sino ni siquiera digna!

Za. – Eso tiene fácil solución.

Cd. – Pues a mí me parece difícil si no se tiene dinero y se pasa uno el día pensando cómo reunir lo necesario para él y para los suyos.

Za. – Entonces, te voy a mostrar el camino fácil.

Cd. – ¿Qué estás diciendo?

Za. – Déjate de tonterías y adéntrate en la religión. Ahí encontrarás todo lo realmente necesario y no te faltará jamás, además de buena disposición de ánimo, caridad hacia el prójimo, tranquilidad de espíritu, una vida tranquila, tiempo para el estudio, deseo de orar, gusto por la conversación, la estabilidad de la mesura, la serenidad del silencio, el gozo de la reflexión, el desprecio a la muerte, la esperanza en una vida mejor e inmortal… Todo esto se encuentra en el hogar de la religión. ¿Qué dinero necesita el que lo tiene todo y posee lo justo para vivir sin ningún esfuerzo o inquietud?

Cd. – Tienes razón, si eso fuera verdad, pero yo valoro más la libertad.

Za. – Libertad no te faltará.

Cd. – ¿Qué libertad podría tener? Los religiosos se cubren con un manto del color de los cuervos, no toman alimento hasta que suenen las campanas, no pueden hablar con sus compañeros y hermanos salvo cuando se les ordene ni leer libros profanos sin peligro, se despiertan durante la noche para cantar cuando es momento de descansar, ayunan aun cuando el hambre y la sed aprietan, dirigen la mirada siempre a los muros de una celda y mientan a la muerte no una, sino varias veces a lo largo del día y de la noche en recuerdo de los difuntos y de las tumbas.

Za. – La auténtica filosofía consiste en meditar constantemente sobre la muerte.

Cd. – Yo prefiero, más bien, reflexionar sobre la vida. Pues la muerte, como dice Séneca,[2] no concierne ni a los vivos ni a los muertos; estos ya no son nada, a aquellos no les toca todavía.

Za. - ¿Y qué me dices de la salvación del alma, que hay que anteponer a todo lo demás?

[2] *Non apud* Sen. *sed* Cic. *Tusc.* 1, 92.

Cd. – Tienes razón, pero está reservada para todos, tanto para los devotos como para los que cultivan lo seglar y mundano.

Za. – Lo admito, pero esta vida está expuesta a grandes peligros por las tentaciones y los placeres del mundo.

Cd. – Peligros por todas partes... ¡Deposito mi esperanza en Dios, que no abandona a todos los que en él confían!

Za. – Estás demasiado seguro y confías demasiado en ti mismo.

Cd. – Ah, pero tú eres demasiado suspicaz y confías muy poco en ti mismo. Con todo, te voy a encomendar esta misión: dime qué entiendes tú acerca de nuestro modo de vida, puesto que para el resto nos serviremos de las epístolas de Jerónimo y de Crisóstomo, que pueden instruirnos de sobra.

Za. – Si estás buscando un proyecto de vida con el que puedas obtener ganancias y vivir felizmente, menosprecia el de mi religión e inclínate por otra doctrina; sé bien que no quieres ser comerciante ni buhonero.

Cd. – No más que lenón o cocinero, aunque estos llevan una vida segura. Los comerciantes están sometidos a mil peligros, pues recorren los confines de la tierra y el mar. Siempre zozobran, se lamentan más por las pérdidas que por los peligros.

Za. – ¿Entonces prefieres un oficio?

Cd. – En absoluto, pues, como afirma Cicerón, todos los artesanos y menestrales se dedican a tareas viles y sórdidas.[3] No obtienen ningún beneficio, salvo que mientan con descaro. Yo, sin embargo, deseo obtener beneficios honestamente para llevar una vida tranquila y ociosa, libre de cualquier otro deber y obligación.

Za. – Ya, ya entiendo lo que quieres. Quieres no hacer nada y sólo vivir feliz. Yo también deseo lo mismo, y creo que, si existiera en el mundo algún lugar en el que pudiera desarrollarse una vida así, tendría una puerta tan estrecha que, debido a la cantidad de enemigos que querría entrar, nadie podría encontrarla.

Cd. – ¡Pero claro que quiero hacer algo!

Za. – Escoge entonces nuestra corte o cualquier otra que prefieras –me refiero a la corte civil– e intenta entrar igualmente, si es que puedes; esto tiene muchísimo prestigio, no poco provecho. Y, si la fortuna te sonríe, podrás ayudar a muchos o, si lo deseas, importunar a otros tantos –me refiero a amigos y enemigos– y tu nombre será célebre e ilustre

---

[3] Cic. *Off.* 1.150.10.

no sólo en la ciudad, sino en otros lugares. Suma a esto obsequios, caudales, habilidades, que fluirán hacia ti como los ríos hacia el mar cuando seas incluido entre los dichosos, mientras no te falten riquezas.

Cd. – ¿De qué obsequios estás hablando?

Za. – Anillos, piedras preciosas, copas de oro y plata, haciendas, fincas, perlas, púrpura, monedas.

Cd. – Cosas que pueden enumerarse fácilmente si se tienen.

Za. – Si quieres algo más modesto: pavos reales, pichones, torcaces, pescado, jabalíes, ciervos, liebres, perdices, faisanes... ¿Qué puedo decir? Tu casa será como el arca de Noé.

Cd. – Aunque puedo estimar estas cosas de vez en cuando, no las valoro demasiado, pues a ojos de las gentes de bien son odiosas e infames. Sin embargo, como me conformo con lo justo y necesario para vivir, a raíz de esto se me viene a la cabeza la fábula del zorro, que, cuando alguien le ofreció una navaja untada en queso y azafrán, tuvo la tentación de comerla; "en realidad, se puede comer –dijo–, pero el mayor problema está en digerirla". ¡Cuántos he conocido yo famosos por una fortuna así y, al poco tiempo, los he visto despreciados y rechazados! La vida de la corte está llena de cuitas, llena de problemas y tormentos, sometida a la envidia; a los que los gobernantes enriquecen, a esos después los desvalijan. Y, a menos que aparezca por azar, no existe un solo hombre cabal que deposite su esperanza en ellos. Los gobernantes en la actualidad, como escribe Petrarca, saben distinguir el vuelo de las aves y el olor de los perros, pero de lo demás ni saben ni quieren saber, a menos que hables de lo que les complace a ellos.[4]

Za. – ¿Y qué pasaría si se te incluyera en el elenco de los consejeros? Porque este es un cargo respetable y lucrativo.

Cd. – Respetable, sin duda, pero yo creo que conlleva más preocupaciones y problemas, ya que se dedican constantemente a hablar y a escuchar; esta es la verdadera arena de los gobernantes. Y lo que he dicho sobre las altas esferas, estoy seguro de que también afecta a las bajas.

Za. – No me queda claro qué es lo que quieres, porque vacilas en todo y eres inestable.

Cd. – ¡Pero si soy firme y estable! He dicho y vuelvo a decir que deseo una vida a la que no le falte de nada y riquezas sin perjuicios.

Za. – Eso es realmente complicado, pues, al que quiera ser rico, no le queda otra que acumular re-

[4] Petr. *Ep. fam.* 1.2.7.

cursos, de modo que se quede con todo lo demás con perjuicios.

Cd. – Pero a mí quedarme con lo ajeno me resulta desagradable e infame, y conlleva peligros.

Za. – Pues no comprendo qué quieres. ¡Únete a un colegio de jurisconsultos, entonces! Esos sí que están dotados de autoridad y se les respeta por su honor y tienen poder en los juicios. También se creen que son poderosos gracias al dinero y que gozan de la consideración de todos los ciudadanos. Ellos controlan la ciudad con el puño; a ellos todos los temen, y bien que hacen, ya que son los más competentes para discernir la verdad y procurar a cada uno sus derechos.

Cd. – Me gustaría ese cargo, si se hicieran ricos gracias a la justicia y la verdad. Sin embargo, cuando la codicia de los poderosos despoja por completo a los más débiles y la muchedumbre lleva la causa a juicio, ¿de qué modo pueden hacerse ricos si no es favoreciendo la injusticia o robando a los necesitados lo que no tienen? Como el pobre no tiene que ofrecer salvo la confianza, el rico no ofrece nada si no espera obtener un beneficio en los tribunales.

Za. – Pero los que juzgan según la ley no antepondrán a nadie sobre la verdad y la justicia y conseguirán beneficiar a muchos.

Cd. – Pero a través del odio y la animadversión. ¿Acaso no te acuerdas de esos versos de Virgilio? "Sigue guardado en el fondo del alma el juicio de Paris".[5] Yo no quiero tantas riquezas como para juzgar todo el día dependiendo del juicio y la consideración de los demás, para que los criminales me tomen por juez falso e injusto, en lugar de recto y ecuánime, y para enemistar a un amigo con otro.

Za. – Tienes razón. Sin embargo, como llevas una vida honrada, esto debes callártelo y ocultarlo en tu corazón, para que no te aflijan las palabras de los criminales.

Cd. – ¡Ja! Ay, no sabes cuánto poder tiene una mala reputación.

Za. – ¿Y qué me dices de los picapleitos, que defienden en el juicio los derechos de los pobres y oprimidos y de vez en cuando despabilan a los jueces adormilados y ganan mucho dinero? ¿Recomiendas esta práctica?

Cd. – Los picapleitos siempre van corriendo, siempre dando la espalda a la turba insistente. Entonces, charlatanes, mentirosos, prometen mucho y cumplen poco y dilatan los casos para conseguir más dinero; parece que no descansan nunca. De ninguna

[5] Verg. *Aen.* 1.26-27.

manera apruebo una vida como la suya, siempre girando como una rueda.

Za. – ¿Y qué opinas de los notarios: muchos requieren de sus servicios aun sin moverse de casa y aumentan día a día sus ahorros?

Cd. – Dudo mucho de la virtud con la que se ganan la vida los fedatarios y notarios. De hecho, no entiendo sus prácticas, porque hacen copias de documentos cuyos originales no existen, y, aunque no tengan ningún arte para escribir, llenan los documentos no de letras, sino de tinta, para que el precio sea mayor. Esta práctica no me gusta nada.

Za. – ¿Y por qué no escoges alguna de las artes liberales de las que enseñas por su utilidad y dignidad? Me refiero a la gramática, la dialéctica, la retórica, la aritmética, la geometría, la música, la astronomía... Estas sí que son dignas de un hombre libre, y entretenidas y muy útiles para leerlas y enseñarlas.

Cd. – ¡Ni mucho menos! Más bien complejas e inútiles. Podemos empezar por la gramática: me parece imposible que un profesor de gramática pueda estar en su sano juicio, más bien creo que aquel que se dedica a enseñar a niños tan diferentes entre sí se vuelve completamente loco; aunque se esfuerce por conciliar modales tan conflictivos, los alumnos se burlan de él y lo desprecian y no son capaces de hacerse respetar salvo con azotes. Porque todos aquellos que pretenden corregir a la muchedumbre necesariamente se vuelven locos por la ignorancia del auditorio y la variedad de opiniones. Así, los maestros de las escuelas y la mayor parte de oradores padecen la misma enfermedad. El griterío y el constante alboroto les sacuden el cerebro. Entonces, ¿qué recompensa hay? Todo se lo explicará el padre a su hijo antes que el maestro para colmar su propia satisfacción.

Za. – No puedo negar la negligencia de los padres. Pero ¿qué me dices de la dialéctica? Pues no existe ninguna otra disciplina más útil para distinguir lo falso de lo verdadero, gracias a la cual los que la enseñan y los que la aprenden se creen capaces de dar respuesta a todo y los demás ignorantes los escuchan encantados.

Cd. – Esta doctrina es propia de charlatanes, de muy poca utilidad, de una gran ostentación y vanidad, polémica, descarada, vinculada a muchas infamias. Yo busco lo pacíficamente útil.

Za. – ¿Acaso dudas del aprecio que se le tiene a la retórica y de que genere a su vez muchas habilidades? Date cuenta con qué seriedad todos escuchan, alaban y admiran al hombre que declama habilidoso en la asamblea. Seguro que esto te resulta interesante y útil y no te parece que deba despreciarse.

Cd. – Confieso que la retórica no les granjea consideración a los que enseñan ni a los que hablan en público, pero en nuestra época se rechaza y, como carece de elogios porque no es rentable, la practican tanto los cultos como los incultos, pues son asiduos a los espacios de poder y dedican sus elogios a los que no se los merecen, como la mayoría, transformándose de rétores en aduladores.

Za. – ¿Y qué piensas de la aritmética? Pues, como hemos aprendido de Platón, esta sirve muy bien para agudizar el ingenio y no es poco provechosa.

Cd. – Útil para cambistas y usureros. Sin embargo, a diario vemos a sus buhoneros, mendigos y marginados deambulando por las ciudades por la falta de ganancias.

Za. – ¿Pero acaso no es la geometría apta para medir el cielo y la tierra?

Cd. – Preocuparse por el cielo no sirve para nada; es útil para el que mide sus tierras y posee mucho, pero el que mucho necesita, no tiene nada que medir salvo su pobreza.

Za. – ¿Qué dices de la música, que es agradable y amena para todos? Deleita los oídos, suaviza los ánimos y regocija; sana las enfermedades, según afirman los médicos.

Cd. – Tienes razón, pero no del todo. Hay que sumar que a los pobres y necesitados les anima más el sonido de una bolsa repleta de monedas. Ningún sonido es más agradable que el de las monedas, ninguno es más útil ni cura mejor a los enfermos. En cambio, esta música que tú alabas cuadra con los borrachos y los cómicos, pues reivindican felicidad por dinero con esa música entre bailarinas y tabernas y demandan el pago.

Za. – Pero seguro que no existe nadie que intente criticar razonadamente el estudio y ejercicio de la astronomía. Este saber describe el movimiento del cielo, el curso y las cualidades de las estrellas. Es más, va más allá y predice lo que va a suceder antes de que acontezca. Así que, ¿puedes imaginar algo más cercano a los dioses?

Cd. – Tienes razón, si esto fuera realmente así; pues el astrónomo sería casi como un dios en la tierra. Pero ahora se va en la dirección contraria. Y cuando se trata de juicios, se amontonan los errores. Hasta tal punto que, si alguien desea adivinar, debe idear él mismo lo contrario a lo que dicen los astrónomos; así el oráculo será el mejor. Pues, ya que ellos, en el mejor de los casos, mienten, es imprescindible que este diga la verdad. Yo no deposito mi esperanza en patrañas.

Za. – Entonces, ¿qué disciplina te gusta, si desprecias todas las artes liberales? ¿O es que prefieres cultivar los oficios manuales?

Cd. – ¿A cuáles te refieres?

Za. – A la medicina, el lanificio, el forjado, la navegación, la agricultura, la caza, la edificación... Casi toda la ciudad se dedica a ellas; artes que imitan y a las que se someten los más jóvenes.

Cd. – Ya entiendo a lo que te refieres con "manuales". Yo creía que la medicina era un arte liberal, así que ahora no me sorprende los más mínimo que sea bastante despreciable y que se dediquen a ella personas sin formación. Los médicos de ahora matan más de lo que salvan. Temería admitir tal crimen ante los ojos de Dios, como para declararme maestro de la salud y arruinar no sólo a los enfermos, sino también a los sanos.

Za. – Pero la mayoría se creen formados por la experiencia y aspiran a restaurar la salud de los enfermos y ganar mucho dinero.

Cd. – Que se enriquezcan cuanto quieran, pero yo no tengo la intención de examinar la orina de los enfermos y hurgar en sus heces, ni dirigir mi atención a manos ajenas que me puedan dar un donativo; prefiero hacer cosas más útiles.

Za. – Entonces, podrías desempeñar lanificio, al que se dedican muchos en esta ciudad, por nobles que sean.

Cd. – Ocasionalmente, el lanificio puede pasar a manos de los nobles cuando la escasez aprieta, y, sin embargo, es un tipo de oficio propio de la gente más vulgar. Dedicarse al aceite y la lana, habitar en almacenes públicos, procurarse mercancías nada más que con mentiras... Todo resulta una práctica indigna, aunque en general sea rentable.

Za. – ¿Acaso la herrería te parece mejor?

Cd. – ¡En absoluto! Todavía es más vulgar y despreciable que las demás. Es tarea de los cíclopes y de Vulcano. Pasar la vida entre fuelles y chispas, con la cara ennegrecida, los ojos legañosos, los martillos que atruenan y los oídos que sufren constantemente por los golpes aquí y allá.

Za. – ¿Y qué dices de la navegación?

Cd. – Ni encuentro satisfacción en construir barcos, ni disfruto recorriendo mares y costas, ni escojo una vida entre vientos y mareas que me haga unirme al mundo de los peces y las aves.

Za. – ¿Qué me vas a decir de la agricultura? Tienes que admitir que es realmente entretenida. ¿Qué hay más bello que el campo bien sembrado, más que las viñas en flor, más que las cosechas de trigo al clarear? Verdaderamente, todos los sabios la recomiendan; en ella la soledad se hace amena, ya te deleites con el estudio, ya con la cetrería y el arte de la caza, ya recojas el fruto de las tierras cultivadas con riqueza y abundancia. Es, de hecho, muy semejante a la soledad de la religión.

Cd. – Estoy totalmente de acuerdo, si deja algo de tiempo para los estudios y las letras, y reconozco que hay en ella mucho encanto. Pero no encierra en sí ninguna utilidad –ni aunque sea para ayudar a los demás– y, mucho menos, decencia, dado que pierdes el tiempo con hombres de campo y con bestias –que son casi lo mismo–. Fíjate en los rostros de los campesinos: no son muy distintos de los bueyes y los mulos que se usan para arar. No me gustaría vivir como ellos. En resumen, ¿qué esperanza en el futuro pueden albergar quienes cargan a la intemperie y tienen que soportar constantemente terribles inviernos, sequías o vientos temibles? O, sobre la caza, ¿qué dignidad puede haber en que perros ataquen a bestias que huyen o que halcones atormenten a los pájaros? Personalmente, yo no escojo esta vida porque es indigna e inútil, como Salustio dio cuenta el primero.[6]

---

[6] *[…] non fuit consilium socordia atque desidia bonum otium conterere, neque vero agrum colundo aut venando, servilibus officiis, intentum aetatem agere* (Sal. *Cat.* 4.1-5.1)

Za. – Pero muchos hombres, y muy insignes, la alaban como si fuera el colmo de felicidad y digna de orgullo.

Cd. – La alaban así los que no tienen nada digno que hacer y se entregan a los placeres, hartos de tanto asueto.

Za. – Entonces, sólo queda la edificación. Si rechazas esto, ya no sé qué más decir.

Cd. – La edificación es un arte sumamente útil y digno de reconocimiento. Porque, ¿cómo podríamos comprender la disposición de las ciudades antiguas, conocer los célebres palacios de los hombres de antaño, sino gracias a este arte, que nos lo muestra y lo pone ante nuestros ojos? Admiramos las hazañas de los romanos que elogian los grandes monumentos de la literatura. Cierto es que hallamos una mayor serenidad en contemplar los edificios, pero es muy difícil estar constantemente suspendido en el aire y en los tejados como un ave, trabajar continuamente con cemento y piedras, cegarse con la cal, temer que todo se precipite en ruinas… Por mi parte, no encuentro ninguna satisfacción en este oficio.

Za. – Con todo, me parece que ya voy intuyendo lo que ansías. Dedicándote a la cancillería y a la redacción de cartas has enardecido el espíritu que ya tuvieron tus padres, de suerte que, al leer y escribir, puedes conseguir sacar el máximo provecho posible y relacionarte con los hombres más distinguidos, para que, hurgando en sus secretos, puedas conseguir para ti riquezas y bienes.

Cd. – Efectivamente, esto es más loable que no hacer nada. Pero una vida así es angustiosa e indolente, entre trabajar con cálamos y embadurnar el documento con tinta, pasar el día sentado y pensando qué vas a decir, y sometido al juicio de la mayoría ignorante: una vida de dudosa utilidad y fortuna cuestionable.

Za. – Si desprecias el asueto, pásate al ejército y dedícate a eso, que seguramente sea el principal de todos los oficios; gracias a él, unos cuantos han conseguido no sólo riquezas, sino gobiernos e imperios. Es el único oficio que impone una ley sobre todos, y gracias a él se conquistan ciudades y los pueblos engendran vencedores. Creo que ahora sí que he dado con ello.

Cd. – Tanto que no hay nada remotamente alejado de mi interés. En mi opinión, el ejército ni es un oficio ni una ciencia, sino una especie de esclavo del azar e impostor, carente de todo talento y destreza. Quienes han seguido su camino por mucho tiempo, también han experimentado innumerables desgracias. Sólo tienes que imaginar cuántas miserias sufren aquellos que intentan ascender desde el más bajo escalafón militar a la cima, cuántas aquellos que, tras alcanzar el máximo rango, deben soportar las malas maneras de los soldados, su lengua insolente, las enfermedades, el frío, el hambre, las heridas, los constantes peligros de la guerra... Entenderás entonces que en ocasiones envidien a los muertos.

Za. – Pero la mayoría han conseguido una fama eterna.

Cd. – Esto es gracias a los poetas y escritores, no a los soldados, pues sin ellos se les despreciaría sin ningún recuerdo de su cometido.

Za. – Pero ¿qué estás diciendo, Candido? ¿Es que no valoras el prestigio?

Cd. – Claro que lo valoro.

Za. – Entonces, creo que es eso mismo lo que buscas: formar parte del elenco de los poetas e historiadores.

Cd. – En la actualidad, esto es lo que menos me preocupa. Porque los poetas no buscan que se les reconozca con este digno nombre, en absoluto. Primero, porque son unos incultos engreídos, hay que incluirlos en el gremio y en el elenco de los comediantes, más que en el de los vates; segundo, porque son despreciados y no sólo carecen de gloria, sino que viven sumidos en la indigencia. Y creo que se puede decir lo mismo de los poetas épicos.

¡De qué manera son capaces de poner por escrito hechos imposibles! Todos, más o menos, sabemos ser condescendientes con nuestro tiempo y nuestros gustos.

Za. – Pues, más allá de lo ya dicho, no se me ocurre nada que puedas anhelar. Dedícate a prestar dinero y fácilmente te enriquecerás; después, podrás disponer tu vida a tu antojo.

Cd. – ¡Menuda vida sería con la reputación echada a perder! La misma diferencia que hay entre una mujer casta y una ramera la hay entre un usurero y un hombre honrado.

Za. – Ya no sé qué quieres ni buscas.

Cd. – Te digo que querría ganar dinero.

Za. – ¿Ganarlo con qué? Haz oro de la nada.

Cd. – Eso son tonterías. Todos los alquimistas son pobres y excéntricos, se quejan de todo, todos los desprecian. ¿Quién sería tan tonto como para, pudiendo sacar oro de la plata barata, enseñárselo a otros y no quedarse él solo con todos los beneficios?

Za. – Ahora ya sé por fin lo que pretendes alcanzar y buscas por encima de todo. Quieres casarte con una mujer rica que te mantenga y con la que puedas llevar una vida opulenta y tranquila bajo un techo.

Cd. – No lo descarto. Si careces de principios, ¿qué otra cosa te queda que encerrarte en una prisión?

Za. – Ah, entonces alabas el matrimonio.

Cd. – Por supuesto. ¿Qué hay más dulce que tener un amigo a quien puedas confiárselo todo como a ti mismo, con quien compartas por igual los momentos buenos y malos, que cuide de ti, que te atienda día y noche, que te mantenga sano y salvo, que proteja tus cosas como si fueran suyas, que guarde tu hogar, que te sustituya cuando te ausentes? Esto solo lo procura una mujer casta y de buenas costumbres. Súmale la felicidad de tener descendencia, reconocerte en el rostro de tus hijos, tener a alguien que regente tu casa después de ti, que propague tu linaje. Déjame tomarte a ti como ejemplo: ¿qué sería de la felicidad de los tuyos sin ti, qué esperanza tendrían, qué gloria, qué honor? Por eso dicen que el buen agricultor planta árboles cuyo fruto nunca verá con sus ojos, sino que los siembra para el Dios inmortal: no sólo querrá recibir de otros, sino también entregárselo a sus descendientes.[7] Sólo quiero que sepas que nadie puede llevar una vida honrada sin un cónyuge.

Za. – Pero ¿qué opinas de los clérigos, que carecen todos de esposa?

---

[7] Cf. Cic. *Sen.* 1, 24.

Cd. – Creo que mejor callar que decir poco. Lo que hacen los clérigos se puede entender con lo siguiente: la lujuria sigue a la gula, y ambas, compañeras, van de la mano. Por supuesto, y aunque voy a omitir lo que nunca debería decirse, ¿de verdad crees que no tienen prostitutas?

Za. – ¿A qué te refieres?

Cd. – ¿Que a qué me refiero, dices? No existe nada más vergonzoso que una prostituta, nada más despreciable: desvergonzada, desagradable, borracha, insaciable, desfigurada por el maquillaje, rebosante de inmundicia, con la cara pintada, ademanes lascivos, ojos procaces, vestida para sus jueguecitos, sobrada de zalamerías, compañera desleal, que despluma a los maridos, roba en las casas, repele a los amigos, defiende a los lenones, perpetua derrochadora, enemiga de la paz, animal hediondo y abismo completamente insaciable. Esta es la compañía que tú aplaudes.

Za. – Entonces, ¿qué prefieres tú?

Cd. – Prefiero a una mujer, sí, pero bien educada y, sobre todo, rica.

Za. – ¿Y dónde pretendes encontrarla?

Cd. – En Dios, de donde resulta todo lo bueno.

Za. – Pero ¿y si no fuera bueno?

Cd. – La suerte dirá, pero seguro que es mucho mejor que las primeras. Es una insensatez vivir solo, es una vergüenza propia del adúltero tener relaciones con una prostituta.

Za. – Entonces, estás despreciando la corte de Roma, en la que casi todos carecen de mujer, abundan las prostitutas.

Cd. – Desprecio la vida en la corte, no la corte en sí. Por supuesto, alabo a los hombres buenos, que, si bien son raros de encontrar en cualquier lugar, más aún lo son en la corte de Roma.

Za. – Yo ya no sé qué más decir. No prefieres ni la religión ni aun menos a los religiosos, te espanta la pobreza pero no hallas riquezas, reniegas de las cortes, no sigues a los gobernantes, alabas al gremio de los juristas pero menosprecias los juicios, desprecias a los picapleitos y notarios por inútiles, tampoco estás muy a favor de las artes liberales ni de los oficios manuales, repudias la medicina por peligrosa, excluyes a los cancilleres por carentes de actividad, rehúyes del ejército, consideras que los poetas e historiadores de nuestro tiempo no valen nada, te repugnan los prestamistas, te burlas de los alquimistas. Únicamente alabas el matrimonio. Y, sin embargo, desapruebas a las prostitutas, en cuya compañía se pueden contar muchos hombres casados. Entonces, ¿qué estás buscando? ¿Qué es lo que valoras? ¿No te das cuenta de que eres absolutamente voluble y sabes lo que quieres?

Cd. – Lo que deseo en realidad es tener buena fortuna. Si consigues averiguar dónde se encuentra, por favor, házmelo saber.

Za. – Anda que si llego a saber yo hasta qué punto nos iba a hacer esto perder el tiempo, te habría pescado antes.

Cd. – Entonces, no eres leal a tu amigo en absoluto, porque intentas echarle la red a lo que él antes ansiaba.

Za. – ¿Quién puede ser tan leal como para desearle el bien a su amigo antes que a sí mismo?

Cd. – Creo que nadie.

Za. – Así pues, que te vaya bien con tu inestabilidad.

Cd. – Y a ti, por el contrario, con tu ignorancia.